CÉDERONS-NOUS?

Lille. — Imprimerie de Vanackere fils.

CÉDERONS-NOUS ?

Après l'Émeute
L'ANARCHIE,
Après l'Anarchie
LA GUERRE.

PAR P. MAUROY,

ANCIEN AVOCAT A LA COUR DE CASSATION.

« Aucune puissance n'oserait
» attaquer la France *paisible* et
» *forte*. »

M. DUPIN.

PARIS.

DUVERNOIS, LIBRAIRE, PALAIS-ROYAL, GRANDE COUR.
(Ancienne Maison PONTHIEU et LEVAVASSEUR).

1834.

Observations Préliminaires.

Un événement grave, et jusqu'à présent inoui, a jetté l'effroi dans la seconde ville du Royaume. A un signal donné, tous les métiers de la fabrique de Lyon ont cessé de battre. Le prétexte était une diminution de *cinq sous* sur le salaire d'un très-petit nombre d'ouvriers, tandis que celui de trente mille autres restait absolument le même ; le but était de profiter de la misère où cette mesure les plongerait tous, pour les précipiter ensuite au milieu des rues, et recommencer, s'il était possible, les sanglantes journées de Novembre 1831. Par une coïncidence remarquable, des essais d'émeute républicaine se manifestaient simultanément à Marseille, à St.-Etienne, à Paris, et une tentative d'insurrection en Savoie s'était organisée sur nos frontières de l'Est. Grâce au Ciel *qui protège la France*, la tranquillité a reparu. Cependant cette révélation soudaine d'une puissance dont on ne soupçonnait pas la force, ce mot d'ordre auquel trente mille hommes obéissent, cette excommunication industrielle lancée sur toute une ville, et à laquelle toute une ville se soumet par peur, voilà autant de symptômes d'un profond malaise social qui réclame de prompts remèdes. Que le mouvement des affaires se ralentisse, qu'il arrive une de ces mille crises commerciales qui forcent le fabricant à diminuer le prix de la main d'œuvre, et les mêmes scènes se renouvelleront, si ce n'est pis. Certes, lorsque le travail manque nous concevons les plaintes du travailleur, car, avant tout, il faut vivre; mais quand la fabrication est active, lorsque la production suffit à peine aux besoins, lorsque tous les bras sont occupés, au milieu enfin d'une prospérité incontestable, venir crier tout-à-coup : -- Nous ne travaillerons pas, et nous empêcherons les autres de travailler; -- voilà ce qui ne s'est jamais vu.

Il n'y a pas d'effet sans cause. Là donc où un effet est nouveau, il faut chercher une cause nouvelle. Ici la cause nouvelle, tout le monde la connaît : c'est le républicanisme. Repoussé par la majorité de la France, le républicanisme n'a qu'une chance de succès, la misère publique ; après la misère vient l'émeute, après l'émeute l'anarchie, après l'anarchie la guerre.

La guerre ! la guerre au dedans, la guerre au dehors; tel est le but avoué du républicanisme. Aussi la guerre, il la voit partout ; depuis trois ans il l'annonce, il la prédit à jour fixe. Nous occupons Ancône, voici la guerre. Nous entrons en Belgique, voici la guerre. Nous prenons Anvers, voici la guerre. Et la guerre pourtant n'est pas venue ! Alors il a essayé de l'insurrection, il a traduit ses désirs en coups de fusil, comptant que l'insurrection amènerait la guerre. Et l'insurrection a été vaincue ! et pour cette fois encore, la guerre n'est pas venue ! Amer désappointement !

Puissante au dehors et forte au dedans, la France n'aura pas la guerre. Mais sa puissance n'est qu'un reflet de sa force. Veut-elle qu'on la respecte ? Qu'elle dompte le désordre ; elle prouvera sa force. Veut-elle qu'on la brave ? Qu'elle cède au désordre ; elle prouvera sa faiblesse. Or, quand vous êtes faible, on vous renverse.

C'est là l'histoire de notre première révolution. Si, à cette époque, tous les amis de l'ordre eussent fait leur devoir, croit-on que l'ordre eut succombé? Et l'Europe, aurait-elle jamais tiré l'épée contre nous, aurait-elle jamais voulu courir la chance d'un duel de vingt-trois ans, si elle n'eut pas tremblé elle-même pour son repos, si elle n'eut pas redouté pour elle-même la contagion du mal? cela certainement n'est pas douteux.

L'Opposition, je le sais, soutient le contraire. C'est la guerre, suivant elle, qui produisit l'anarchie; sans la guerre la révolution fut restée pure. L'Opposition se trompe, car l'anarchie précéda la guerre.

Du reste, il ne suffit pas d'affirmer, il faut démontrer. Le sujet est grave, et dans les circonstances où nous sommes, les pages qui vont suivre auront peut-être le mérite de l'à-propos. L'histoire à la main j'établis ces trois propositions: 1° De 1789 à 1792 la majorité a faibli par peur. 2° De la peur est née l'anarchie. 3° De l'anarchie est née la guerre. Conclusion : -- Ne faiblissez pas en 1834; vous n'aurez pas l'anarchie, vous n'aurez pas la guerre.

Après l'Émeute
L'ANARCHIE,
Après l'Anarchie
LA GUERRE.

CHAPITRE Ier

MARCHE DE LA PREMIÈRE RÉVOLUTION DEPUIS LE 5 MAI JUSQU'AU 6 OCTOBRE 1789.

La première révolution date de 1789 ; la première guerre révolutionnaire de 1792. 89 commence avec une monarchie, 92 finit avec une république ; 89 accueille avec transport Louis XVI réformateur, 92 le voit sans couronne et tout préparé pour l'échafaud;

89 ouvre une ère pleine d'espérances, 92 termine la lutte devenue inutile des hommes de bien; 89, enfin, nous montre l'Europe en paix, 92 nous montre l'Europe en armes : que de changements en trois ans!

Il y eut, certes, de folles résistances; mais en présence du désordre qu'il fallait combattre, il y eut aussi, proclamons-le, de honteuses et lâches concessions. On toléra d'abord, on excusa ensuite; puis quand le désordre eut grandi, quand l'anarchie fut partout, quand indignés de la liberté qu'ils avaient faite, des gens de cœur voulurent lui mettre un frein, la majorité découragée resta muette. C'est que déjà il était trop tard. La Constituante céda, la Législative céda, et qui le croirait? la Convention elle-même céda; tous les pouvoirs s'inclinèrent devant un seul..... la Peur!

1789.

A l'époque de 89, le besoin d'une réforme générale se faisait sentir; l'immense majorité la demandait, mais calme, modérée, pacifique. Alors le parlement était à la tête de l'Opposition; c'était *le mouvement* de cette époque. Que demandait-il? des États-généraux périodiquement convoqués; le droit, pour ces états, d'établir les impôts; la suppression de tous impôts distinctifs des ordres; l'égalité des charges; la responsabilité des ministres; la liberté individuelle des citoyens et la liberté légitime de la presse (1). Les Etats-généraux sont convoqués ; ils se rassemblent ; on dépouille les cahiers des baillages ; on interroge avec soin les vœux de la majorité ; on en forme deux espèces de catégories, l'une des *principes avoués*, l'autre des *questions restées douteuses* ; que trouvons-nous, dans les principes avoués ? Art. 1er — Le gouvernement français est monarchique. — 2. La personne du Roi est inviolable et sacrée. — 3. La couronne est héréditaire de mâle en mâle. — 4. Le Roi est dépositaire du pouvoir exécutif. — 5. Les agens de l'autorité sont responsables. — 6. La sanction royale est nécessaire pour la promulgation des lois. — 7. La nation fait la loi avec la sanction royale. — 8. Le consentement national est nécessaire à l'emprunt et à l'impôt. — 9. L'impôt ne peut être accordé que d'une tenue des Etats-généraux à l'autre. — 10. La propriété sera sacrée. — 11. La liberté individuelle sera sacrée. — 12. Les impôts et les charges seront supportés également.

Voilà les principes avoués, voilà les vœux exprimés par la majorité des électeurs. Rapprochés de ceux du Parlement, ils indiquent avec précision quelle était alors la pensée de la France, pensée de progrès et de conservation tout-à-la-fois, de réforme et de

(1) Arrêt du Parlement de Paris, les pairs y séant, du 5 Octobre 1788.

stabilité. Je n'ai point à m'occuper des questions restées douteuses, puisqu'elles ne furent pas résolues par la majorité. Il en est deux cependant qui, par cela même, méritent une mention particulière ; ce sont celles-ci : « Les lettres de cachet seront-elles » abolies ou modifiées ? la liberté de la presse sera- » t-elle modifiée ou indéfinie ?

En 1789, l'immense majorité de la France voulait donc le perfectionnement, non le renversement de ce qui était. Elle voulait une monarchie, elle voulait un roi inviolable et sacré, elle voulait une couronne héréditaire, etc. L'Assemblée constituante, émanée à son tour de cette majorité, partageait les mêmes désirs, les mêmes sentimens, les mêmes volontés... Cinq mois, cependant, s'étaient écoulés à peine, et, le 6 Octobre, Louis XVI, suivant l'expression malheureuse de Bailly, était ramené *conquis* de Versailles à Paris, et le peuple portait devant lui les têtes sanglantes des gardes-du-corps, défenseurs de la Reine...

Trois causes principales amenèrent le résultat que nous venons d'indiquer ; *les clubs, la presse* et *les municipalités*. Les Etats-généraux sont ouverts ; presque aussitôt se forme le club breton, modèle de cette foule de clubs qui surgirent bientôt après. On discoure dans les églises, on discoure dans les monumens publics, on discoure dans les rues ; c'était une épidémie de discoureurs. La presse multiplie les libelles et entasse les calomnies. Elle insulte ce qu'il y a de plus sacré, elle accable d'outrages ce qu'il y a de plus auguste ; hommes et choses elle n'épargne rien. Les municipalités désorganisent le pouvoir. Elles se constituent en gouvernements indépendants, elles couvrent la France royale de républiques au petit pied. Ainsi la démocratie coule par mille canaux ; ainsi paraissent les assemblées populaires à côté de l'Assemblée nationale, la tribune démagogique en face de la tribune politique, ainsi s'élève tout-à-coup un parlement de plusieurs millions d'hommes, dont la voix de Mirabeau ne put dominer les tumultueux débats.

Maintenant la digue est rompue et le torrent se précipite.

Les Etats-généraux s'installent le 5 Mai, et, le 14 Juillet, la Bastille est prise.

22 *Juillet.* — MM. Foulon et Berthier sont massacrés. On les tue, en plein jour, au milieu de Paris. Ils avaient été désignés, l'un et l'autre, comme accapareurs de blé (1).

---

(1) Ce fut à l'occasion de l'assassinat de M. Foulon, que le jeune Barnave laissa échapper ces mots cruels : « Le sang qui coule est-il donc si pur qu'on n'en puisse répandre quelques gouttes ? » Barnave était alors de l'Opposition. Honnête homme, mais fanatique de liberté, il applaudissait à ses excès, en haine du pouvoir. Quand, après le voyage de Varennes, Barnave se plaça dans la Résistance, il fut emporté comme tant d'autres.

1er *Août*. — Le maire de St.-Denis est massacré pour le même motif.

4 *et* 5 *Août*. — L'Assemblée constituante abolit les droits féodaux et les justices seigneuriales, ce qui était bien : mais elle supprime, en même temps, tous les priviléges, franchises ou immunités de pays d'états, de villes, de communautés, etc. C'était détruire, d'un seul coup, un grand nombre de libertés locales.

24 *Août*. — Décret qui reconnait que la liberté *indéfinie* de la presse est un des droits inaliénables de l'homme.

10 *Septembre*. — Décret portant que le corps législatif ne sera composé que d'une seule chambre. —Limitant sans cesse le pouvoir royal, l'Assemblée constituante concentre en elle seule l'autorité, sans se donner de contre-poids.

Journées des 5 *et* 6 *Octobre*. — Le peuple de Paris est, depuis quelques mois, en proie à des souffrances qu'il supporte de plus en plus impatiemment. Les assassinats commis en Juillet, les scènes tumultueuses excitées par les motionnaires du Palais-Royal, par les harangueurs des faubourgs, ont éloigné beaucoup de familles opulentes. Le peuple est privé de leur secours et de travail ; il se procure difficilement un pain qu'il paie très-cher. Les agitateurs profitent, comme toujours, de sa misère ; il lui font croire qu'il doit l'attribuer à la royauté, que la presse, chaque matin, attaque avec fureur. Tout ce que les faubourgs recèlent de plus impur s'émeut, se rassemble, se soulève. Ils courent à l'Hôtel-de-Ville, ils demandent du pain et la mort des aristocrates ; ils marchent sur Versailles. On connait la suite. Plusieurs gardes égorgés ; le palais surpris la nuit ; des assassins se glissant jusqu'à la chambre de la Reine qui fuit à demi-nue ; Lafayette endormi, et réveillé trop tard pour protéger son repos ; la garde nationale assez forte encore pour empêcher un crime, mais trop faible déjà pour comprimer une insurrection ; le Roi, enfin, et l'assemblée elle-même obligés de se rendre à Paris pour y fixer leur résidence ; et en avant du cortège, autour de ce Roi, autour de cette assemblée, autour de cette garde nationale, des hommes hideux, des femmes horribles, des fusils, des piques, et des têtes coupées.....

Arrêtons-nous un instant ! Quelle différence, ou plutôt quel abîme entre ce 6 Octobre et le 5 Mai de la même année ! Comme elle était belle alors cette Assemblée nationale ! comme il paraissait grand ce Roi ! Et il ne s'est passé que cinq mois !....

« L'Assemblée constituante, dit Mme de Staël, » transportée à Paris par la force armée, se trouva, » à quelques égards, dans la situation du Roi » lui-même ; elle ne jouit plus entièrement de sa li- » berté. Le 5 et le 6 Octobre furent, pour ainsi dire, les » premiers jours de l'avènement des Jacobins ; la ré- » volution changea d'objet et de sphère ; ce n'était » plus la liberté, mais l'*égalité* qui en devenait le

» but ; et la classe inférieure de la société commença,
» dès ce jour, à prendre de l'ascendant sur celle *qui*
» *est appelée par ses lumières à gouverner...* »

Ces paroles sont remarquables ; par le temps qui court, elles ont une haute portée.

CHAPITRE II.

MARCHE DE LA PREMIÈRE RÉVOLUTION DEPUIS LE 6 OCTOBRE 1789, JUSQU'EN SEPTEMBRE 1791.

Louis XVI a été violemment ramené de Versailles dans la capitale. L'Assemblée nationale a suivi le cortège du roi *conquis ;* elle a été vaincue comme lui. Désormais nous n'aurons plus qu'à constater la série de ses défaites. Placée au sein de l'insurrection, elle ne peut plus se mouvoir que sous le regard des clubs ; la presse la traite en ennemie, et les municipalités décentralisent son influence. La révolution ne se contente plus d'avancer ; elle court emportée dans un tourbillon.

En effet, dès le 6 Octobre, les meneurs ont organisé le club des Amis de la Constitution, qui sera plus tard le club des Jacobins ; le 21, la commune établit un Comité de recherches, tribunal permanent d'inquisition ; le 2 Novembre, l'Assemblée met à la disposition de la nation toutes les propriétés et tous les revenus ecclésiastiques; et, le 19 Décembre, elle crée 400 millions d'assignats.

1790.

26 *Janvier*. — Décret qui défend à tout membre de l'Assemblée nationale d'accepter aucune place du gouvernement. — Mirabeau réclame vainement, et ne peut même obtenir que les ministres assistent aux délibérations de l'assemblée, si on leur interdit d'en être membres.

12 *Mai*. — Formation de la Société, dite de 1789, nommée ensuite club des Feuillans. — Lafayette, déjà dépassé, est l'un de ses fondateurs; il la destine à balancer l'influence du club des Jacobins.

12 *Juin*. — L'Assemblée nationale décrète l'ensemble de la constitution civile du clergé. — L'élection des évêques et des curés sera faite par le peuple, suivant l'usage de la primitive église, etc. Ce décret impolitique, contraire à la discipline actuelle de l'Eglise, irrite le clergé, et mécontente un grand nombre de catholiques, surtout en Vendée.

4 *Septembre*. — Retraite de Necker. — Il n'y a pas deux ans que ce ministre était l'objet d'un engouement universel. Eloigné par Louis XVI l'année précédente (11 Juillet 1789), son renvoi causa la plus vive agitation; les théâtres se fermèrent en signe de deuil; son buste fut promené dans les rues de la capitale aux acclamations de la foule, etc., etc... Aujourd'hui, la nouvelle de sa démission est reçue avec indifférence;

près d'être proscrit lui-même, il va chercher un asile sur le territoire étranger.

29 *Septembre.* — L'Assemblée nationale décrète l'émission de 800 millions d'assignats *forcés* et *sans intérêts.*

27 *Novembre.* — L'Assemblée termine la constitution civile du clergé. — En contraignant les ecclésiastiques à prêter serment à cette constitution, elle ajoute l'intolérance à l'inhabileté, et augmente les mécontentemens.

1791.

28 *Février.* — Le nombre des émigrés s'accroissant chaque jour, le parti extrême de l'Assemblée, où siègent Barrère et Robespierre, demande que personne ne puisse sortir de France sans l'autorisation d'une commission de trois personnes, revêtue de pouvoirs illimités. — Mirabeau s'y oppose de toutes ses forces. « Si vous faites une loi contre les émigrans, s'écrie-t-il, je jure de n'y obéir jamais.... »

On ajourne seulement le décret.

2 *Avril.* — Mort de Mirabeau. — Cet homme extraordinaire qui avait d'abord poussé la révolution en avant, est brisé par elle quand il veut l'arrêter ; il s'aperçoit trop tard qu'elle est plus forte que son bras. Depuis quelque temps Mirabeau n'exerçait plus sur l'Assemblée la même influence. En vain s'était-il écrié : « Silence aux Trente ! » les Trente ne s'étaient tû qu'un jour, et leurs clameurs éternelles, soutenues

par les clameurs du dehors, avaient usé les efforts de l'indomptable tribun.

7 *Avril.* — Aucun député à l'Assemblée nationale ne pourra entrer dans le ministère que quatre ans après la fin de la législature.

16 *Mai.* — Les membres de l'Assemblée nationale ne pourront être réélus à la prochaine législature. — L'Assemblée se laisse entraîner par les sophismes de Robespierre et de Garat. On lui représente cette détermination comme un témoignage sublime d'abnégation personnelle ; on l'engage à faire ce sacrifice sur l'autel de la patrie... Et elle ne voit pas que, par ce décret et celui du 7 Avril, elle jette la royauté et le pays dans la plus complète impuissance, puisque ni l'une ni l'autre ne pourra plus choisir aucun de ses membres, soit comme ministre, soit comme député. Les conséquences de ces deux décrets seront incalculables. La royauté ainsi que le pays sont livrés aux clubs. La première y prendra ses ministres ; l'autre, les représentans de la France.

5 *Juin.* — Décret qui retire au Roi le droit de faire grâce. — C'est son plus beau titre, à ce pauvre roi ! Comme on le dépouille ! comme on le fait petit !

21 *Juin.* — Fuite de Louis XVI. — Fatigué de la surveillance dont on l'entoure (1), en butte aux in-

(1) Nous avons oublié de dire que Louis XVI ayant manifesté le désir de se rendre à St.-Cloud le 18 Avril, en avait été empêché par une multitude exaspérée. M. de Lafayette, qui avait voulu vainement protéger sa liberté, dépose le commandement de la garde nationale, et refuse de le reprendre pendant trois jours.

sultes populaires, aux motions de plus en plus outrageantes des clubs demeurées impunies, Louis XVI se dérobe des Tuileries dans la nuit du 21 Juin. Arrêté à Varennes, il est ramené à Paris le 25.

25 *et* 26 *Juin*. — La sanction, l'acceptation du roi et toutes ses fonctions législatives ou exécutives sont suspendues.

9 *Juillet*. — Décret qui taxe à une triple imposition pour 1791 les biens des émigrés qui ne seront pas rentrés dans deux mois.

3 *Septembre*. — Acte constitutionnel connu sous le nom de *Constitution de* 1791. Cette constitution est encore aujourd'hui pour beaucoup d'esprits systématiques le type de toutes les Chartes. Elle entoure étroitement le trône d'*institutions républicaines*; elle le fait disparaître dans la démocratie. — La souveraineté une, indivisible, appartient à la nation, qui en délègue l'exercice. — Le gouvernement est représentatif et monarchique. — Des assemblées primaires sont instituées; elles se composent de tous les citoyens actifs, c'est-à-dire âgés de 25 ans, payant une contribution directe de trois journées de travail. — Une imposition d'un marc d'argent, c'est-à-dire de 54 livres, suffit pour être député. — Une seule chambre permanente de 745 représentans élus pour deux ans, par des électeurs nommés dans les assemblées primaires, forme la partie essentielle du pouvoir législatif; le roi en devient la partie *accessoire* au moyen de la sanction

qu'il accorde aux décrets, ou du veto dont l'effet peut les suspendre (seulement) pendant deux ans. — Des juges, élus à temps par le peuple, sont investis du pouvoir judiciaire. — Les assemblées municipales et départementales sont élues également par le peuple. — Le Roi n'a pas le droit de dissoudre le corps législatif, ni celui de proposer des lois; *il ne peut que présenter des observations.* — Le Roi est censé avoir abdiqué, s'il rétracte le serment qu'il a prêté à la constitution, s'il se met à la tête de l'armée contre la nation, s'il sort du royaume sans l'agrément du corps législatif. L'abdication le rejette dans la classe commune des citoyens; il pourra être accusé et jugé comme eux, pour les actes postérieurs à son abdication, etc.

Qu'on le reconnaisse loyalement! Y avait-il encore une monarchie en France? Qu'est-ce qu'un roi, s'il vous plaît, qui ne peut présenter que des *observations?* Ne dirait-on pas un avocat à la barre d'un tribunal?

3 *Septembre.* — Une députation de l'Assemblée nationale présente l'acte constitutionnel à l'acceptation du Roi. En même temps, elle lui rend la faculté de donner tous les ordres qu'il jugera convenables pour sa garde et la dignité de sa personne. Les scellés sont levés dans ses appartemens, il est rétabli dans toutes ses fonctions.

On croit rêver quand on lit ces lignes. Qu'est-ce

qu'un roi *réhabilité*, je vous le demande? Qu'est-ce qu'un roi que vous faites, défaites, et refaites ainsi à volonté? En vérité, n'est-ce pas une dérision? Louis XVI, en s'enfuyant à Varennes, n'était-il pas censé avoir abdiqué? Vous l'aviez suspendu de ses fonctions! Pourquoi les lui rendre? Pourquoi ce simulacre, pourquoi ce fantôme de roi, dont les appartemens, hier encore, étaient sous le *scellé*? Auriez-vous besoin de lui pour l'acceptation de votre constitution? Il est vrai que vous avez décrété un roi! Il vous en faut un pour le moment! Que ne le prenez-vous ailleurs? Ne savez-vous pas que Louis XVI n'est plus libre, quoique vous disiez; qu'il ne signera que parce que vous lui conduirez la main? Vos clubs, du moins, sont plus francs ou plus habiles que vous. Ils demandent la république à grands cris; ils se moquent de votre constitution et de votre royauté parodiée. Avec leur instinct admirable, ils comprennent que la royauté s'en va, et que son œuvre est accomplie.... Mais vous, hommes à théories, législateurs inexpérimentés et faibles, vous avez cédé d'abord à toutes leurs exigences; vous avez dépouillé votre roi pièce à pièce; vous avez brisé toute son armure, et puis, vous croyez sauver le principe, parce qu'il est inscrit dans votre Charte!... Allez! allez! l'intelligence du peuple est plus haute que la vôtre. Il sait qu'un roi dégradé est condamné à mourir.

CHAPITRE III.

RÉSUMÉ DES FAUTES DE LA MAJORITÉ SOUS L'ASSEMBLÉE CONSTITUANTE.

La constitution de 1791 est promulguée. Le Roi Louis XVI, suspendu hier, libre aujourd'hui, est venu prêter serment à la Charte démocratique, au sein même de l'Assemblée nationale ; les membres de cette assemblée se séparent. Quelques uns, éblouis encore par les illusions de l'avenir, s'imaginent avoir fondé la monarchie sur des bases durables ; la classe moyenne, qui a besoin de repos, qui attend depuis deux années, accueille avec joie cette forme nouvelle de gouvernement qui doit lui ouvrir les sources de la prospérité ; mais les hommes clairvoyans ou désabusés, mais les habiles du parti républicain savent bien que son existence sera courte, et déjà la Législative s'avance pour dévorer *ce règne d'un moment.*

Jetons quelques regards en arrière. Comment avec des intentions droites, des sentimens purs, même avec du courage individuel, l'Assemblée constituante s'est-elle acquittée du mandat qu'elle avait reçu? Comment a-t-elle rempli l'importante mission qui lui avait été confiée? Eh bien! voilà une session de 28 mois, voilà 2,500 lois promulguées : la France doit être satisfaite! Voyons!

— *Le gouvernement Français est monarchique*, disaient les cahiers des bailliages. — L'Assemblée organise un gouvernement républicain avec un roi, ce qui, de toutes les absurdités, est la plus grande absurdité possible; elle rejette la royauté sur le second plan, comme *partie accessoire* de l'édifice. — *La personne du Roi est inviolable et sacrée.* — L'Assemblée déclare le Roi inviolable, mais elle suppose son abdication dans certains cas; ce qui est détruire l'inviolabilité. — *La sanction royale est nécessaire pour la promulgation des lois.* — L'Assemblée admet cette disposition; mais elle décide que la sanction ne pourra pas être refusée au-delà de deux ans. — *La liberté de la presse sera-t-elle indéfinie ou modifiée?* Question restée douteuse. — L'Assemblée, en déclarant que la liberté indéfinie est un des droits inaliénables de l'homme, se met par celà même dans l'impossibilité de lui assigner des limites en aucun temps. — *La propriété et la liberté individuelle seront sacrées.* — Ces deux articles consignés dans tous les cahiers des électeurs, durent fixer l'attention de l'Assemblée; personne ne voulait plus être exposé aux caprices du gouvernement, ni aux fantaisies d'un ministre. Ce que chacun voulait, et avant tout, avant même tout droit politique, c'était de pouvoir jouir paisiblement de sa propriété et de sa liberté ; c'était que la loi lui reconnût expressément ce droit, et lui donna toute espèce de moyens de le revendiquer s'il était violé. L'Assemblée s'empresse de proclamer le principe. « Respect, dit-elle, à la liberté individuelle ! » Et elle tolère les plus graves attentats contre les personnes ; elle est impuissante pour punir les vols, les incendies, les assassinats, qui épouvantent les citoyens ; et elle ne poursuit pas Danton, et elle n'écrase pas Marat. « Respect, dit-elle, à la propriété ! » Et elle supprime la dîme ecclésiastique *sans rachat* (12 Août 1789) ; et elle met à la disposition de la nation toutes les propriétés, tous les revenus du clergé (2 Novembre 1789) ; et elle décrète l'émission de 1200 millions d'assignats (19 Décembre 1789 et 29 Septembre 1790), etc., etc. Appelée spécialement à combler le déficit des finances, elle commence par tuer le crédit public, et creuse le gouffre immense et sans fond de la banqueroute.

Et pourtant l'Assemblée était généreuse ! Et pourtant, nous l'avons reconnu, ses intentions étaient droites, ses sentimens étaient purs ! Elle voulait le bonheur de la France, la gloire de la monarchie ! Mais au-dessous d'elle, s'agitait, dans la fange, le génie du mal qui n'en voulait pas. Obscur d'abord et méprisé, il se leva bientôt, grandit peu-à-peu, envahit les clubs, la presse, les municipalités, se glissa jusqu'au sein de l'Assemblée elle-même, et quand elle voulut étouffer le monstre, il se trouva qu'il avait cent têtes (1). Ainsi la minorité triomphe parce qu'elle est hardie; la majorité est vaincue parce qu'elle n'ose pas vaincre; elle cède le 6 Octobre; elle cède le 18 Avril; elle cède le 17 Juillet : sa carrière est une longue concession. Ainsi la presse l'a dominée, les municipalités l'ont dominée, les clubs l'ont dominée, le torrent s'est accru de mille torrens.... Tout a disparu.

Je sais faire, sans doute, la part des temps. Je sais quels obstacles l'Assemblée avait à vaincre, je sais quelles entraves l'embarassaient! J'ai parlé

(1) Je dois citer deux circonstances où l'Assemblée constituante déploya une énergie passagère; ce fut au 17 Juillet et au 29 Septembre 1791.

Le 17 Juillet, un rassemblement nombreux ameuté par les Jacobins, Brissot à leur tête, se forma au champ-de-Mars pour demander la *déchéance* de Louis XVI, et la proclamation de la *République*. Bailly et Lafayette accoururent avec la garde nationale; la loi martiale fut publiée, et la garde nationale fit feu sur le rassemblement. Mais l'Assemblée, tout effrayée de sa victoire, ne sut pas en profiter. La garde nationale, qui ne voulait pas de république, demandait à M. de Lafayette l'ordre d'enfoncer le club des Jacobins à coups de canon. Cette détermination vigoureuse aurait pu anéantir l'anarchie; on ne lui donna pas de suite. Au contraire Bailly et Lafayette furent dénoncés dès ce jour aux clubs, comme des conspirateurs vendus à la cour; la garde nationale fut représentée dans les journaux jacobins, comme une réunion de *janissaires* qui s'étaient plongés dans le sang des *patriotes*, etc. Les factieux sentaient parfaitement qu'ils ne pourraient rien espérer tant qu'ils n'auraient pas désorganisé cette milice citoyenne; tous leurs efforts tendirent à ce but, et ils y parvinrent. Dès-lors le champ de bataille leur appartint.

des clubs, de la presse, des municipalités. Je pourrais parler aussi de la *cour*. Je pourrais parler, non de Louis XVI, dont les intentions étaient bonnes, mais de cette foule de courtisans qui assiègeaient le trône, dissipaient en folies les trésors de l'État, s'irritaient de toutes les améliorations, s'opposaient à toutes les réformes, applaudissaient aux fêtes insolentes du 2 Octobre, préparant ainsi de leurs propres mains la ruine de la monarchie même. Je pourrais parler de l'émigration qui fuyait au 16 Juillet 1789, précédée du comte d'Artois et du prince de Condé, laissait son malheureux Roi à la merci des factions, plaçait son camp sur nos frontières, répandait ses agens dans nos provinces, intriguait auprès de tous les gouvernemens, fomentait l'anarchie, ou la guerre du dedans, en attendant celle du dehors, pactisait, (chose incroyable ! et que nous voyons encore), avec les plus ardens ennemis de la couronne, s'alliait avec les clubs, avec les pamphletaires, avec les démagogues, poussait à toutes les exagérations, même à tous les crimes, pour fatiguer le peuple de ce qu'il appelait la liberté, et ne pouvant pas arrêter le char, *cherchait à le précipiter*..... Mais ce tableau, tout en dessinant d'une manière plus nette la situation de l'Assemblée constituante, ne saurait suffire pour l'excuser. Il prouve seulement que, dès l'origine, l'Assemblée se vit placée entre deux partis extrêmes, et qu'elle ne trouva pas en elle-même assez de force pour les combattre à-la-fois. Elle s'unit à l'un des deux pour renverser l'autre ; ce fut une faute immense ; car, dès ce moment, au lieu de diriger, elle fut entraînée ; au lieu de maîtriser le mouvement, elle fut absorbée par lui. Arrachée des voies de la justice et de la modération, elle se jeta dans l'illégalité, ressource ordinaire du despotisme quand un seul est roi ; de l'anarchie, quand tous veulent l'être.

Dira-t-on maintenant que sans la guerre il n'y aurait pas eu d'anarchie ? Dira-t-on que sans la guerre les factions eussent été vaincues ? Accusera-t-on la guerre de tant de désordres, de tant de violences ? Est-ce la guerre qui créa les clubs, qui déchaîna la presse ? Est-ce la guerre qui fit le 6 Octobre, le 18 Avril, le 17 Juillet ? Pas le moins du monde. A cette époque la France était en paix avec l'Europe, et quelques fussent les efforts de l'émigration, l'Europe ne songeait pas à tirer l'épée. La guerre n'éclata qu'au mois d'Avril, ou plutôt au mois de Juin 1792. Au lieu donc de s'être armé contre la liberté, on peut dire que l'étranger ne prit les armes que lorsqu'elle était morte. Et ici l'ordre des dates joue un rôle très-important. Car en faisant remonter l'hostilité de l'Autriche et de la Prusse à l'entrevue de Pilnitz (27 Août 1791), il en résulte que ces deux puissances attendirent plus de deux ans, avant que de se mêler de nos affaires, et plus de trois, avant que de nous combattre. Ajoutez que l'entrevue de Pilnitz fut plutôt une menace qu'un acte d'hostilité (1), et que la guerre enfin ne nous fut pas déclarée, mais qu'elle fut, au contraire, déclarée par nous (20 Avril 1792).

Nous le répétons, l'ordre des dates joue ici un rôle très-important. Il ne suffit pas de rappeler sans cesse la guerre de cette époque, il faut rechercher aussi *pourquoi on nous l'a faite*. N'est-il pas évident que si la France avait su comprimer la licence pour ne fonder que la liberté, si elle avait su protéger les propriétés et les personnes, si on ne l'avait pas vue livrée à une minorité turbulente, pleine de haine contre tout ce qui existait, de fanatisme pour ce qui était nouveau, jalouse de la noblesse, envieuse de la bourgeoisie, persécutrice du clergé, implacable ennemie de la royauté; si la France enfin se fût montrée calme et forte à-la-fois, n'est-il pas évi-

(1) 27 Août 1791. — Entrevue de Léopold II, Empereur d'Allemagne, et de Frédéric-Guillaume II, Roi de Prusse, à Pilnitz (Saxe-Electorale). L'ex-ministre Calonne et le marquis de Bouillé sont présens. Les deux monarques conviennent de se prêter un mutuel secours. Les motifs ostensibles de leur déclaration sont d'accélérer la fin des troubles en France, « en mettant le Roi en état d'affermir dans » la plus parfaite liberté les bases d'un gouvernement monarchique » également convenable aux droits des souverains et au bien-être de » la nation française..... » Le 6 Juillet l'Empereur avait adressé une lettre à tous les Souverains, pour les inviter à réclamer la liberté de Louis XVI. C'est là, si nous ne nous trompons, le premier acte d'intervention.

dent que jamais l'Europe n'eût osé troubler son repos. Et la preuve, c'est que l'Europe a attendu trois ans !.... Il a fallu, pour l'entraîner, toutes sortes d'excès, de crimes, d'attentats ! Il a fallu toutes les lois réactionnaires contre les émigrans, contre les prêtres, contre les princes : les massacres d'Arles, les égorgemens d'Avignon ! Il a fallu le 6 Octobre 89, le 25 Juin 91, le 20 Juin, le 10 Août 92. Que dis-je? il a fallu plus que tout cela !... Il a fallu que la révolution provoquât l'Europe elle-même, et lui jetât, pour l'exciter, une tête de roi (1) !

---

(1) La France déclara la guerre à l'Autriche le 20 Avril 1792 ; la Prusse nous la déclara le 26 Juin 1792, et ce ne fut qu'après la mort de Louis XVI, que la Convention déclara la guerre à l'Angleterre et à la Hollande (1er Février 1793). Alors se forma contre nous la première coalition continentale (7 Mars 1793).

CHAPITRE IV.

DE LA SECONDE RÉVOLUTION, EN JUILLET 1830 (1).

Il y a cette différence essentielle entre la France de 1789 et celle de 1830, qu'en 1789 la France voulait obtenir une réforme dans ses institutions, et qu'en 1830 elle l'avait obtenue. Il y a cette autre différence,

(1) De 1792 à 1830 la transition est brusque. J'ai parlé à peine de la Législative et de la Convention; mais ce que j'ai dit suffira pour ce que j'avais à démontrer. Il y aurait certainement un livre curieux à faire : ce serait l'histoire des *concessions* successives de ces deux grandes assemblées qui semblaient si redoutables. La Législative céda, la Convention elle-même céda : les preuves abondent.

L'influence du parti girondin à l'Assemblée législative, est connue. Composé d'hommes exaltés, mais consciencieux, ce parti voyait avec peine les répugnances de Louis XVI pour la Constitution de 91, et poursuivait de toute sa colère les hésitations de ce malheureux roi. Il semble aujourd'hui certain que le plan des Girondins consistait à faire prononcer par l'Assemblée la déchéance de Louis XVI, en lui substituant une régence au nom de son fils, ou à forcer ce prince lui-même à abdiquer. Toutefois, au mois de Juin 1792, aucune de ces deux tentatives n'avait réussi, et Louis XVI venait même de renvoyer

qu'en 1789 la France craignait de ne pas obtenir ce

---

trois de ses ministres, tous trois girondins. Ce fut alors que la journée du 20 Juin eut lieu. Le palais du Roi fut envahi par une foule ignoble; presque tout y fut brisé; Louis XVI coiffé d'un bonnet rouge fut abreuvé d'outrages. Pendant ce temps, l'Assemblée, que les Girondins dominaient, paraissait indifférente. Péthion, vers le soir, félicita le *grand* peuple de ses mouvemens *sublimes*, et tout fut dit. — Voilà bien une concession.

Au 10 Août suivant, les Girondins cèdent à leur tour. Ils voulaient la déchéance de Louis XVI; mais ils ne voulaient pas sa mort. Les clubs qu'ils avaient ameutés au mois de Juin, la demandaient à grands cris; ces derniers firent le 10 Août malgré les Girondins. La déchéance fut alors proclamée; mais le Roi fut renfermé au Temple, mais Danton devint ministre, mais on décréta une prochaine Convention nationale, toutes choses que redoutaient les Girondins. — Deuxième concession.

Massacres du 2 au 6 Septembre. La Commune de Paris les organise sous les yeux même de l'Assemblée législative; plus de 2000 personnes sont égorgées dans les prisons. L'Assemblée est frappée de stupeur; les Girondins se regardent et Vergniaud reste muet!.....—Troisième concession.

Louis XVI est jugé par la Convention; il est condamné à mort par une faible majorité! Eh bien! cette faible majorité n'a été obtenue que par l'épouvante. Pendant vingt jours les hommes du 2 Septembre assiègent la barre. Ils sont accourus armés de sabres et de bâtons; ils occupent toutes les avenues de la salle; ils y attendent les députés, applaudissent de leurs mains ensanglantées ceux qui condamnent, et poursuivent de cris féroces ceux qui ont osé parler de clémence. En vérité, est-ce là une Assemblée libre? — Quatrième concession.

Quelques mois après, les Girondins succombent. La Convention, qui avait admiré au milieu d'elle cette constellation brillante, voulait les sauver; elle comprenait qu'elle serait bientôt forcée de tomber comme eux. Mais le 31 Mai, la Commune lance les sections contre l'Assemblée; elles interceptent les passages, remplissent les tribunes, s'emparent de la salle elle-même; la Convention résiste. Alors le tocsin redouble, la générale bat, les canons sont braqués.... Le 2 Juin, la Convention avait cédé.

qu'elle voulait, et qu'en 1830 elle craignait de perdre ce qu'elle avait. De là par conséquent deux différences dans la situation morale du pays. En 1789, il avait pris l'offensive ; en 1830, il gardait la défensive. En 1789, il voulait changer ; en 1830, il voulait conserver. On ne peut nier, en effet, que la Charte de 1814 ne remplissait à-peu-près les besoins de l'époque. On ne demandait pas autre chose, et ceux qui eussent pu souhaiter autre chose, n'appelaient pas du moins l'insurrection à leur aide ; ils n'invoquaient eux-mêmes que la Charte franchement exécutée. « Aucun » article de la Charte constitutionnelle ne sera re» visé » avait dit l'ordonnance du 5 Septembre. Ces royales paroles furent accueillies avec reconnaissance. C'est qu'alors l'Opposition n'était pas le Mouvement ; elle n'était que le Progrès. C'est que la Charte de Louis XVIII renfermait à-la-fois la sanction des *principes avoués*, et la solution éclairée des questions *restées douteuses* en 1789 ; c'est qu'elle satisfaisait les esprits sages qui ne sont pas envieux du temps ; et que pour les hommes de bonne foi, il ne pouvait y avoir d'arrière pensée dans un article 14, qui eût fait de la Charte une véritable déception.

Nous insistons à dessein sur ces détails ; ils sont indispensables pour bien préciser l'esprit de la révolution du mois de Juillet 1830. Ainsi sous la restauration, l'Opposition, dans son langage, était toute constitutionnelle ; elle s'honorait de suivre Foy et

Casimir Perrier. La France alors, quelques reproches qu'elle eut à adresser à la couronne, ne songeait pas à détruire, mais à maintenir le gouvernement de la Charte, et cela est si vrai que toutes ses craintes étaient qu'on le lui enlevât. C'est dans ce système que fût créée la célèbre société *Aide-toi, le ciel t'aidera.* Le but de la société, et elle n'en avait point d'autre, (qu'il soit permis à l'un de ses premiers membres de le rappeler), était de renverser par les élections le ministère corrupteur de M. de Villèle, et de forcer le gouvernement à rentrer dans la Charte. Avec une Chambre constitutionnelle nous n'avions plus de censure, plus de double vote, plus de loi d'amour, plus de substitutions, mais la Charte, largement, libéralement interprétée. On pouvait craindre seulement l'article 14, dont alors, du reste, il était à peine question ; mais, dans ce cas, il valait mieux laisser au pouvoir la responsabilité d'une révolution que de l'assumer sur nous-mêmes ; il fallait lui laisser le soin de légitimer sa chute.

Cela explique les rapides succès de la société *Aide-toi.* Une foule de sociétés affiliées surgirent dans les provinces, toutes n'ayant qu'un drapeau, qu'un cri de ralliement : la Charte. Les trois cents furent battus, et M. de Villèle se retira devant M. de Martignac. Le nouveau ministère ne remplit pas sans doute toutes les espérances qu'on avait conçues. Si la liberté de la presse fut agrandie, si l'intervention des tiers fut autorisée en matière électorale, on n'abolit pas le double vote ; mais la France sut reconnaître en M. de Martignac un esprit élevé, un noble caractère, et lui tint compte des obstacles qu'il avait à vaincre dans une sphère qui le dominait. Avouons-le encore ici, sans réticence! N'est-il pas vrai que l'avénement de M. de Martignac fut accueilli avec satisfaction par la France entière? N'est-il pas vrai que, pendant son court ministère, l'opinion se rattachait peu-à-peu à la couronne, que l'on croyait de meilleure foi? N'est-il pas vrai qu'à cette époque les populations patriotes de l'Est virent paraître Charles X au milieu d'elles avec un enthousiasme que les journaux eux-mêmes semblaient partager? Malheureux prince, qui ne voyait pas dans ces acclamations un gage de sécurité pour son trône, en même temps qu'une protestation d'amour pour la Charte qu'il avait jurée!

M. de Martignac tomba bientôt ; sa disgrâce fut profondément sentie ; elle annonçait à la France que la contre-révolution qu'il avait tenté d'arrêter, allait reprendre sa marche. Ces prévisions ne furent que trop justifiées. En vain le ministère du 8 Août s'empressa-t-il de témoigner de son dévoûment à la Charte, en vain chercha-t-il à rassurer le pays sur ses intentions ; le pays ne put calmer ses craintes. Le nom de M. de Polignac suffisait pour les exciter ; ce nom était à lui seul une contre-révolution.

Ce fut à cette époque que la société *Aide-toi* reprit ses travaux un instant ralentis ; car il faut noter encore cette circonstance remarquable. Un grand résultat, un résultat presque inespéré avait été obtenu par la société en 1827. Les élections avaient renversé M. de Villèle et brisé l'esclavage de la pensée ; la société avait dès-lors atteint le but pour lequel elle avait été créée. Aussi les réunions devenaient plus rares, les souscriptions diminuaient, et l'on proposa de se séparer, tout en se tenant prêt pour l'avenir. La question fut vivement débattue dans les salons du *Globe*. Le comité fondateur, vota pour la séparation, et presque tous ses membres donnèrent leur démission. L'opinion plus avancée vota contre, et organisa séance tenante, un comité nouveau.

Nous courons avec les événemens, tant nous sommes pressés par eux. Les Chambres avaient été convoquées ; on se rappelle l'adresse des députés. Charles X leur avait demandé leur concours ; 221 votans déclarèrent que ce *concours n'existait pas.* Observons en passant que la Chambre était dans son droit, quand elle exprimait cette résolution, et que ce fut cela même qui fit sa force aux yeux de la France. Elle fut dissoute ; Charles X à son tour était dans son droit ; rien jusques-là de sa part ne franchit le cercle légal. Mais l'obstination qu'il mettait dans la lutte laissait soupçonner de grands malheurs, qu'il en sortit vainqueur ou vaincu.

Jamais élections ne furent plus importantes. La France comprit qu'il s'agissait de son avenir; elle jura de défendre cette Charte pour laquelle elle avait combattu dès 89; les 221 furent réélus. Et cependant, constatons ici un nouveau fait qui révèlera encore ce fanatisme de légalité qui animait la France. Quelques associations s'étaient formées pour refuser l'impôt: d'un autre côté, la presse poussait la Chambre à rejeter le budget. Eh bien! les associations furent beaucoup moins nombreuses qu'on aurait pu le croire; l'Opposition elle-même, se trouvait loin d'être unanime sur le refus du budget. Et pourquoi? C'est qu'après ce refus, il n'y avait plus rien, rien qu'une révolution. La France hésita.

La royauté n'hésita pas. Elle se rua en aveugle dans l'abîme qu'elle avait creusé. On connaît les ordonnances; on connaît ce coup de foudre qui remonta vers le trône d'où il fut lancé. Charles X se fit révolutionnaire; on le traita comme tel. Protégé par la Charte, il la déchira; ayant brisé son bouclier, il n'était plus invulnérable. Il faudrait raconter ici cette catastrophe inouïe dans l'histoire, cette insurrection merveilleuse de la loi, ce roi puissant sitôt vaincu par elle, cette couronne si vite tombée, cette monarchie, la plus vieille du monde, emportée dans un ouragan de trois jours... Il faudrait peindre cette première stupeur du peuple, ces sourdes agitations, ce cri de guerre poussé au nom de la Charte, ce combat improvisé par cent mille hommes, cet océan de barricades qui se soulève en une nuit... Il faudrait représenter ce vieillard entouré d'hommages, si fier à juste titre des trophées d'Alger, tout-à-coup délaissé, fugitif, ne trouvant autour de lui que des populations indifférentes et qui accourent seulement pour le voir passer.... Il faudrait dire comment il quitta la France, sans exciter quelque sympathie, sans ranimer quelque courage, sans qu'un seul des siens se levât pour sa querelle. Il partit comme un voyageur inconnu; le vaisseau s'éloigna sans bruit; le beau royaume de France disparut, et peu de mois après je le voyais errer solitaire parmi les tombeaux d'Holyrood (1).

Que l'on recherche maintenant pourquoi cette chûte, pourquoi cette indifférence, pourquoi cet oubli si prompt? Croit-on qu'il en eût été de même si la Charte n'eût pas été indignement violée? Si Charles X, attaqué par une faction impie, se fût armé, au contraire, pour protéger la loi, si comme son frère à la Chambre de 1816, il se fût écrié:

---

(1) Je visitai au mois de Juillet 1831 le vieux palais d'Holyrood. Je me trouvais dans la chambre où Rizzio fut frappé aux genoux de Marie-Stuart, lorsque j'aperçus, de la fenêtre, Charles X se promenant seul dans un petit verger inculte, presque au pied de la tour, et près des ruines de l'abbaye. Il y avait un an, jour pour jour, que j'avais vu le même prince se rendant à Notre-Dame, dans toute sa pompe royale, pour remercier Dieu de la conquête d'Alger!....

« Respect à la Charte !... je ne souffrirai jamais qu'il lui soit porté atteinte, » croit-on qu'il n'eût pas trouvé des millions de bras tout prêts à le soutenir? Et quel était, je le demande, le cri des combattans? *vive la Charte!* le cri des blessés? *vive la Charte!* le cri des mourans? *vive la Charte!* Cette exclamation soudaine remplissait la grande ville; elle se mêlait au bruit des carabines, au bruit du canon, au bruit du tocsin; il n'y en eut point d'autres (1). On ne faisait pas une révolution, on voulait en empêcher une; on ne songeait ni à la Constitution de 91, ni à la république, ni aux Etats-Unis (2), mais à la Charte de 1814, toute incomplète qu'elle fût, parce qu'elle seule était notre Loi, et le 28 encore, la couronne aurait pu être sauvée par elle, si la couronne n'avait pas résolu de se perdre elle-même.

---

(1) S'il y en eut d'autres, c'est-à-dire, de contraires, elles se perdirent dans la foule.

(2) Je ne prétends pas que personne n'y songeait. Je pourrais citer tels des combattans qui desiraient une république; mais ils savaient bien que l'immense majorité ne la désirait pas. On voulait venger la Charte et la conserver.

CHAPITRE V.

DE LA MAJORITÉ ET DE LA MINORITÉ DEPUIS 1830 JUSQU'EN 1834.

L'insurrection de Juillet 1830 avait été entreprise au nom de la Charte. La victoire du peuple fut donc celle de la Charte.

Conserver la Charte moins Charles X, le pacte politique moins une famille ; voilà d'abord ce que voulait le peuple.

Mais la victoire rend exigeant, et la Charte fut revisée.

La censure abolie ;

La religion de l'état abolie ;

L'article 14 supprimé ;

Les pairs nommés par Charles X éliminés ;

La chambre des députés quinquennale ;

L'âge des députés abaissé à trente ans ;

L'âge des électeurs abaissé à vingt-cinq ;

Le double vote aboli ;

Les conditions électorales et d'éligibilité modifiées ;

L'organisation départementale et municipale fondée sur l'élection ;

Le jury appliqué aux délits de la presse ;

La garde nationale nommant ses officiers, etc. etc. ;

Enfin surtout, et avant tout, la Charte déclarée *non octroïée ;*

C'était là, certes, un changement fondamental, un remaniement presqu'entier de l'ancienne constitution ; c'était là, disons-le, une nouvelle Charte.

Ainsi la Charte du 9 Août fut un pas immense. En vingt-quatre heures, on avança d'un siècle.

Ainsi la Charte du 9 Août devait remplir tous les vœux. On obtenait plus qu'on eut jamais démandé.

Ainsi, au 9 Août, l'œuvre de Juillet était accomplie, et la majorité satisfaite. La France fatiguée cherchait le repos.

Cependant il arriva ce qui, en révolution, arrive toujours. Quand on remue le flot, la vase monte à la surface. Les mauvaises passions surnagèrent.

Alors se forma la minorité, parti aux mille fractions et aux mille couleurs, uni seulement lorsqu'il s'agit de détruire. Impuissante par le nombre, comme en 89, la minorité essaya, comme en 89, des mêmes moyens pour vaincre. Heureusement cette fois le pays résista ; elle fut vaincue.

Quelques mots à ce sujet.

Je ne retraçerai pas l'histoire des trois dernières

années. Qu'on se rappelle seulement les derniers mois de 1830, les premiers mois de 1831. N'est-il pas vrai qu'à cette époque, la minorité nous entrainait ? n'est-il pas vrai qu'on se disait avec effroi ? — Nous retournons à 89. Même commencement, même fin. — M. Périer parut, et les choses changèrent de face. Dès ce moment, 89 fut impossible.

M. Périer annonça de suite ce qu'il voulait et ce qu'il ferait, « C'est *d'ordre légal* que la majorité a » besoin. Il faut donc que l'ordre soit maintenu, et » les lois exécutées. »

Est-ce à dire que la minorité confessa de suite son impuissance ? est-ce à dire qu'à partir du 13 Mars il n'y eut plus d'agitations, plus d'émeutes ? est-ce à dire que le système de Périer était nouveau, que personne avant lui, ne l'avait conçu ? Nullement ; car c'était le système de la majorité même. Mais à partir du 13 Mars, la minorité comprit qu'on allait lui résister, l'émeute sentit qu'on lui mettrait un frein. Périer ne voulut pas autre chose que M. Lafitte ; car M. Lafitte déclarait « que la liberté de» vait être accompagnée de *l'ordre* ; » M. Lafitte déclarait « que l'exécution *continue* des lois jusqu'à » leur réformation était indispensable (1) ». Mais devant l'obstacle qui s'offrait à lui, M. Lafitte recu-

(1) Chambre des députés, 10 Novembre 1830.

lait; Périer marchait tête haute, et brisait l'obstacle.

Ce qui caractérise C. Périer, c'est l'énergie; c'est la vigueur de volonté et la promptitude d'action. On vit enfin aux affaires un homme qui n'avait pas peur, et la présence d'un seul homme redonna courage à tous. Incertaine et divisée jusqu'à ce jour, la majorité se pressa près de lui, heureuse de rencontrer un chef qui lui criait : Suivez-moi ! Dès lors l'impulsion était donnée. L'émeute put gronder encore dans les rues, elle put rugir encore à Paris ou à Lyon, peu importe. Elle retombait haletante sous le bras qui l'étreignait.

Et voilà comment Périer put mourir sans que le système périt. C'est que ce système, il ne l'avait pas créé ; il l'avait mis en mouvement. La gloire de Périer, l'immortelle gloire de ce grand ministre, fut de n'avoir pas désespéré à une époque de défaillance, ce fut d'avoir eu le cœur ferme, quand le cœur manquait aux siens. La majorité apprit par lui ce qu'elle valait, elle apprit par lui qu'elle était majorité, et, reprenant foi en elle-même, elle accepta franchement la lutte. Voilà comment elle vainquit en Juin, lorsque Périer n'était plus, voilà comment elle continue encore à vaincre. Périer mourant lui a légué sa force.

La paix au dedans se raffermissait; la paix au dehors devint certaine. Depuis le 13 Mars, l'Europe fut rassurée. Du moment que la France était calme, du moment qu'elle ne voulait, ni d'anarchie chez elle, ni de propagande chez les autres, il devint évident qu'elle n'aurait pas la guerre (1). On ne se bat plus en Europe pour des principes ; on se bat pour des intérêts. Or pourquoi se battre puisque la France n'en blessait aucun ? Aussi la Belgique fut secourue, Anvers fut délivré à coups de canon, et l'Europe nous laissa faire. C'est que nous n'avions pris les armes que pour une cause juste ; c'est que nous n'exigions que notre droit, et rien au-delà ; c'est que, même dans la guerre, nous n'avions qu'un but : la paix.

(1) Il ne s'agit, bien entendu, que d'une guerre générale, *européenne*. Ce qui suit le prouve.

CONCLUSION.

Deux faits incontestables résultent de ce qui précède.

A la première révolution la majorité a eu peur. De la peur vint l'anarchie ; de l'anarchie vint la guerre.

A la seconde révolution la majorité a résisté. De la résistance est sorti l'ordre ; de l'ordre est sortie la paix.

Ainsi on trouve en révolution deux routes contraires : l'une où nos pères se sont perdus, l'autre où Périer nous a sauvés.

Maintenant hésiterons-nous ? reculerons-nous tout-à-coup en 1834 ? Plus forts que jamais, céderons-nous ? voila toute la question.

Les minorités ne triomphent que *parce qu'elles veulent*. Les majorités n'ont qu'à vouloir.

Il y a, je le sais, un système étrange. C'est que l'effort de l'homme est impuissant contre une révolution ; c'est que rien n'en peut arrêter la marche quand son heure est venue ; c'est qu'elle se soulève et s'avance comme un flux irrésistible : vous diriez un de ces drames antiques auquel la fatalité préside. Systême faux et dangereux ! qui nie la puissance de la volonté humaine, qui soumet le monde moral à une force inconnue, pour en disposer comme du monde physique. Dès lors plus de résistance au crime, car la résistance est inutile ; plus de crime, car le crime est inévitable.

Ces conséquences sont effrayantes. Elles absolvent la première révolution, elles justifient tous ses excès, elles enhardissent à des excès nouveaux. Robespierre, Danton, Marat, n'ont fait que jouer leur rôle dans une inévitable tragédie. Nous ne croyons pas, nous, à cette aveugle Nécessité ; nous ne croyons pas à cette Nécessité brutale qui légitimerait les crimes privés comme les crimes politiques ; nous assignons une plus noble part à la volonté humaine ; nous grandissons l'homme au lieu de le rapetisser. Nous croyons que les événemens ne sont que ce qu'il les fait ; (1) nous croyons, nous, que son énergie peut les dominer, et que ce qu'on appelle l'empire des circonstances, n'est que l'empire des volontés fortes sur les volontés faibles.

Arrière donc ces doctrines désolantes qui énervent la vertu et encouragent le vice ! Loin de nous ce captieux système qui avilit les âmes, en les immolant à

(1) Il est clair que je ne parle pas ici des causes indépendantes de notre volonté, telles qu'un grand nombre d'événemens *physiques*. Inutile aussi d'observer que je ne parle pas de l'homme pris isolément, mais de l'humanité vue en masse, c'est-à-dire toujours, de la *majorité*.

la Destinée, et nous livre sans défense à des révolutions nouvelles. Oui, les méchants ne sont forts que parceque les bons sont faibles ; ils ne triomphent que parcequ'ils osent, et non parceque je ne sais quelle divinité mystérieuse l'a ordonné ainsi. Soyons donc forts comme eux, puisqu'il suffit de vouloir pour l'être. Plus nombreux, aussi énergiques, pouvous nous douter du succès !

FIN.

www.ingramcontent.com/pod-product-compliance
Lightning Source LLC
LaVergne TN
LVHW021716230826
846091LV00006BA/2194

* 9 7 8 2 0 1 1 7 5 5 3 8 4 *